中国残疾人体育事业发展和权利保障

（2022 年 3 月）

中华人民共和国
国务院新闻办公室

人民出版社

责任编辑：刘敬文

图书在版编目（CIP）数据

中国残疾人体育事业发展和权利保障/中华人民共和国国务院新闻办公室 著.—北京：
人民出版社,2022.3
ISBN 978－7－01－024596－6

Ⅰ.①中…　Ⅱ.①中…　Ⅲ.①残疾人体育-体育事业-概况-中国②残疾人体育-权益
保护-概况-中国　Ⅳ.①G812.49②D922.182.3

中国版本图书馆 CIP 数据核字（2022）第 032876 号

中国残疾人体育事业发展和权利保障
ZHONGGUO CANJIREN TIYU SHIYE FAZHAN HE QUANLI BAOZHANG
（2022 年 3 月）

中华人民共和国国务院新闻办公室

人 民 出 版 社 出版发行
（100706　北京市东城区隆福寺街 99 号）

中煤（北京）印务有限公司印刷　新华书店经销

2022 年 3 月第 1 版　2022 年 3 月北京第 1 次印刷
开本:787 毫米×1092 毫米 1/16　印张:2
字数:14 千字

ISBN 978－7－01－024596－6　定价:12.00 元

邮购地址 100706　北京市东城区隆福寺街 99 号
人民东方图书销售中心　电话（010）65250042　65289539

目　　录

前　言

　　体育对包括残疾人在内的每个人的生活都具有重要价值。残疾人体育是残疾人增强体质、康复身心、参与社会、实现全面发展的有效途径;是人们认识残疾人潜能与价值、促进社会和谐共进的独特渠道。发展残疾人体育,对于保障残疾人平等权利、促进残疾人融合发展、推动残疾人共享经济社会发展成果,具有重要意义。残疾人体育重在参与,这是残疾人的一项重要权利,是人权保障的重要内容。

　　以习近平同志为核心的党中央十分关心残疾人,高度重视残疾人事业发展。中共十八大以来,在习近平新时代中国特色社会主义思想指引下,中国将残疾人事业纳入"五位一体"总体布局和"四个全面"战略布局,采取切实有效措施促进残疾人体育蓬勃发展。残疾人体育运动水平不断提高,残疾人运动员自强不息、顽强拼搏、为国争光、激励社会,残疾人体育事业取得历史性成就。

北京 2022 年冬残奥会开幕在即,全世界的目光再次聚焦残疾人体育健儿,中国残疾人体育迎来新的发展机遇,必将推动国际残疾人体育运动"一起向未来"。

一、国家发展促进残疾人体育进步

新中国成立以来,在社会主义革命和建设、改革开放和社会主义现代化建设、新时代中国特色社会主义伟大进程中,伴随着残疾人事业的发展,残疾人体育不断发展壮大,走出一条具有中国特色、符合时代潮流的残疾人体育发展之路。

1. 新中国成立后残疾人体育活动逐步开展。1949 年中华人民共和国成立,实现了人民当家作主,残疾人在政治上获得了和其他人平等的地位,享受应有的公民权利和义务。1954 年制定的《中华人民共和国宪法》规定,残疾人"有获得物质帮助的权利"。福利工厂、福利机构、特殊教育学校、残疾人社会组织和友善的社会环境保障了残疾人的基本权益,改善了残疾人的生活。新中国成立初期,中国共产党和中国政府就非常重视全民体育运动,基于学校、工厂、疗养院的残疾人体育逐步发展起来。广大残疾人积极参与体育活动,开展了广播操、生产操、乒乓球、篮球、拔河等体育活动,为残疾人体育的发展奠定了基础。1957年,第一届全国青年盲人运动会在上海举办。全国各地建立了聋人体育组织,积极举办区域性聋人体育运动会。1959年,举办了全国首届聋人男子篮球赛。全国性残疾人体育比赛的开展,推动更多残疾人参加体育活动,增强了残疾人体质,激发了残疾人社会参与的热情。

2. 残疾人体育在改革开放中快速发展。改革开放后,中国实现了人民生活从温饱不足到总体小康、奔向全面小康的历史性跨越,推进了中华民族从站起来到富起来的伟大飞跃。中国共产党和中国政府实施了一系列发展残疾人事业、改善残疾人状况的重大举措。中国制定了《中华人民共和国残疾人保障法》,批准了联合国《残疾人权利公约》。残疾人事业由改革开放初期以救济为主的社会福利工作,逐步发展成为综合性社会事业。残疾人参与社会生活的环境大为改善,残疾人各方面的权利得到尊重和保障,为发展残疾人体育奠定了基础。《中华人民共和国体育法》规定,全社会应当关心、支持残疾人参加体育活动,各级政府应当采取措施为残疾人参加体育活动提供方便,公共体育设施要对残疾人实行优惠办法,学校应当创造条件为病残学生组织适合其特点的体育活动。残疾人体育纳入国家发展战略和残疾人事业发展规划,残疾人体育工作机制逐步健全,公共服务全面开展,残疾人体育迎来了快速发展阶段。1983 年,在天津举办全国伤残人体育邀请赛。1984 年,在安徽合肥举办首届全国残疾人运动会。同年,中国残奥代表团首次赴美国纽约参加第七届残奥会,并实现中国残奥史上金牌"零的突破"。1994 年,北京承办第六届远东及南太平洋地区残疾人运动会(以下简称"远南运动会"),这是中国首次承办综合性国际残疾人体育赛事。2001 年,北京获得 2008 年奥运会和残奥会举办权。2004 年,中国残奥代表团在雅典残奥会上首次获得金牌数和奖牌数双第一。2007 年,举办上海世界夏季特殊奥林匹克运动会(以下简称"上海特奥会")。2008 年,举办北京残奥会。2010 年,举办广州亚洲残疾人运动会(以下简称"广州亚残运会")。这一时期,先后成立了中国伤残人体育协会(后更名为中国残疾人体育协会、中国残奥委员会)、中国聋人体育协会、中国智残人体育协会(后更名为中国特奥委员会)等残疾人体育组织,并相继加入国际残奥委员会等多个国际残疾人体育组织。各地也先后成立了各类残疾人体育组织。

3. 新时代残疾人体育取得历史性成就。中共十八大以来,中国特色社会主义进入新时代,中国如期全面建成小康社会,中华民族迎来了从站起来、富起来到强起来的伟大飞跃。中共中央总书记、中国国家主席习近平对残疾人格外关心、格外关注,强调"残疾人是社会大家庭的平等成员,是人类文明发展的一支重要力量,是坚持和发展中国特色社会主义的一支重要力量""健全人可以活出精彩的人生,残疾人也可以活出精彩的人生""2020年全面建成小康社会,残疾人一个也不能少""中国将进一步发展残疾人事业,促进残疾人全面发展和共同富裕""努力实现残疾人'人人享有康复服务'的目标";强调"把北京冬奥会、冬残奥会办成一届精彩、非凡、卓越的奥运盛会""要想运动员之所想、办运动员之所需,为运动员提供方便、快捷、精准、细致的服务,特别是针对残疾人运动员的特殊需求,增设相关无障碍设施"。这些重要论述为中国残疾人事业发展指明了前进方向。在以习近平同志为核心的党中央坚强领导下,中国把残疾人事业持续纳入国家经济社会发展总体规划和国家人权行动计划,残疾人权益保障更加有力,残疾人"平等、参与、共享"的目标得到更好实现,残疾人获得感、幸福感、安全感持续提升,残疾人体育迎来前所未有的历史性发展机遇。

残疾人体育纳入全民健身、健康中国、体育强国等国家战略。《中华人民共和国公共文化服务保障法》和《无障碍环境建设条例》规定优先推进体育等公共服务场所的无障碍设施改造,配置无障碍的设施设备。投资建设国家残疾人冰上运动比赛训练馆。残疾人康复健身体育广泛开展,残疾人体育活动进入社区和残疾人家庭,越来越多残疾人走出家门参与体育活动。实施全民健身助残工程,培养残疾人社会体育指导员,为重度残疾人提供居家康复健身服务。全力备战北京 2022 年冬季残奥会,实现冬残奥参赛大项全覆盖。残疾人运动员在平昌冬季残奥会上勇夺轮椅冰壶金牌,实现冬季残奥会金牌和奖牌"零的突破";在东京残奥会上表现"神勇",实现金牌数和奖牌数五连冠;参加听障奥运会、世界特奥会等重大国际赛事取得历史最好成绩。

中国残疾人体育发展水平快速提升,彰显了中国推动残疾人事业发展的制度优势,展现了中国尊重和保障残疾人权益的显著成就,理解、尊重、关心、帮助残疾人的社会氛围更加浓厚,越来越多残疾人通过参与体育运动成就出彩人生,实现人生梦想。残疾人挑战极限、锐意进取、顽强拼搏的精神激励了全国人民,促进了社会文明进步。

二、残疾人群众性体育活动广泛开展

中国将残疾人康复健身体育作为实施全民健身、健康中国、体育强国等国家战略的重要组成部分,开展全国性残疾人体育活动,改善体育服务,丰富活动内容,加强科研教育,残疾人群众性康复健身体育活动日益活跃。

1. 残疾人体育活动丰富多彩。城乡基层残疾人康复健身体育活动因地制宜,活跃开展。通过推广社区残疾人康复健身体育项目、政府购买体育健身服务等方式,推动残疾人在基层社区开展体育健身和竞赛活动。全国残疾人社区文体活动参与率由 2015 年的 6.8% 持续提升至 2021 年的 23.9%。各级各类学校组织残疾学生开展适合其特点的日常体育活动,创编推广排舞、啦啦操、旱地冰壶等适合残疾学生集体参与的运动项目。鼓励大中小学生参与特奥大学计划和融合活动等项目,动员医务工作者参与体育康复、运动员分级、特奥运动员健康计划等活动,组织体育工作者参与残疾人体育健身、竞赛训练等专业工作,为残疾人体育提供志愿服务。全国残疾人运动会设有康复健身类体育比赛项目。举办残疾人民间足球赛,设盲人、聋人、智力残疾人等多个组别。全国残疾人排舞公开赛参与队伍扩展至近20个省(区、市),越来越多的特殊教育学校将排舞项目列为大课间体育活动。

2. 全国性残疾人体育活动风生水起。各类残疾人每年定期参加"全国特奥日""残疾人健身周"和"残疾人冰雪运动季"等全国性残疾人体育活动。自 2007 年起,每年 7 月20 日开展"全国特奥日"活动,智力残疾人通过参加特奥运动,挖掘潜力、增强信心、融入社会。自 2011 年起,每年"全民健身日"所在周全国集中开展"残疾人健身周"活动,举办轮椅太极拳、柔力球、盲人足球等健身运动项目。残疾人通过参加康复健身体育赛事和活动,学习残疾人体育文化知识,开展体验运动项目,了解各种康复健身器材,展示和交流康复健身技能,增强了身体素质,陶冶了性情,激发了生活热情,培养了融入社会的自信。肢残人轮椅马拉松、盲人象棋交流挑战赛、全国聋人柔力球交流赛等赛事已成为全国性品牌活动。

3. 残疾人大众冰雪运动蓬勃发展。自 2016 年起,连续6 年举办"残疾人冰雪运动季",为残疾人参与冰雪运动搭建平台,带动残疾人融入"3亿人参与冰雪运动"。从首届开展的14个省级单位发展到现在的31个省（区、市）。各地因地制宜举办冬季残疾人体育活动,开展冬残奥项目体验、大众冰雪体育赛事、冬季康复健身训练营、冰雪嘉年华等形式多样、内容丰富的活动。创编和推广了迷你滑雪、旱地滑雪、旱地冰壶、冰蹴球、滑冰、冰橇、雪橇、冰上自行车、雪地足球、冰上龙舟、雪地拔河、冰河钓鱼等新颖有趣、深受残疾人喜爱的大众冰雪运动项目。通过编制发放《残疾人冬季体育健身项目和活动方法指导手册》等,为基层残疾人冬季体育健身提供服务和支持。

4. 残疾人康复健身体育服务不断改善。实施"自强健身工程"和"康复体育关爱工程",促进残疾人康复健身。加强残疾人康复健身体育服务队伍建设,创编推广残疾人康复体育、健身体育项目和方法,研发推广康复体育、健身体育器材,丰富残疾人体育服务产品,推进社区残疾人健身体育和居家重度残疾人康复体育服务。《全民健身基本公共服务标准（2021年版）》等国家政策法规明确要求改善残疾人健身环境,要求公共体育设施免费或低收费向残疾人开放。截至2020年,全国残疾人健身示范点累计建设10675个,共培养、发展残疾人社会体育指导员12.5万名,为 43.4 万户重度残疾人提供了康复体育进家庭等服务。同时,面向经济欠发达地区和乡镇、农村地区给予重点支持,积极引导建设残疾人冬季健身活动服务站点。

5. 残疾人体育教学科研取得进步。中国把残疾人体育纳入特殊教育和师范、体育教学计划,残疾人体育科研机构建设步伐加快,中国残疾人体育运动管理中心、中国残疾人事业发展研究会体育发展专业委员会以及多所高校成立的残疾人体育科研机构成为残疾人体育科研的重要力量。残疾人体育人才培养初步形成体系,部分高校开设残疾人体育相关选修课程,培养了一批残疾人体育专业人才。残疾人体育科研成果不断丰富。截至 2021 年,关于残疾人体育研究的国家社科基金项目累计超过 20 项。

三、残疾人竞技体育水平不断提高

残疾人参与体育赛事日益增多，越来越多的残疾人运动员参加国内国际残疾人体育赛事，勇于挑战，超越自我，展现自强不息、顽强拼搏的精神，成就出彩人生。

1. 在重大国际残疾人体育赛事中表现优异。自 1987 年起，中国智力残疾人参加了 9 届世界夏季特奥会和 7 届世界冬季特奥会，展示了"勇敢尝试、争取胜利"的特奥精神。1989 年，中国聋人体育首次走出国门，参加了新西兰克赖斯特彻奇第 16 届世界聋人运动会。2007 年，在美国盐湖城第 16 届冬季聋奥会上，中国代表团获得 1 枚铜牌，首次在冬季聋奥会上夺得奖牌。此后在多届夏季和冬季聋奥会上取得佳绩。积极参加亚洲残疾人体育赛事，屡获殊荣。1984 年，中国残奥体育代表团 24 名残疾人运动员在纽约第 7 届残奥会上参加了田径、游泳、乒乓球三个大项的比赛，获得 2 枚金牌、24 枚奖牌，在残疾人群体中掀起了参与体育运动的热潮。此后中国残奥体育代表团相继参加了历届残奥会,成绩稳步提升。2004年,在雅典第12届残奥会上,中国体育代表团获得63枚金牌、141枚奖牌,金牌数和奖牌数跃居第一。2021年,在东京第16届残奥会上,中国体育代表团获得96枚金牌、207枚奖牌,连续五届实现金牌、奖牌榜双第一。"十三五"时期,中国残疾人体育代表团共参加160项国际赛事,取得1114枚金牌。

2.全国性残疾人体育赛事影响不断扩大。自1984年举办首届全国残运会以来,中国已先后举办11届全国残运会,比赛项目从田径、游泳、乒乓球发展到34个项目。自1992年第三届全国残疾人运动会起,全国残疾人运动会正式列入国务院审批的大型运动会系列,形成每四年举办一次的机制,残疾人体育逐步进入制度化、规范化的发展轨道。2019年,在天津举办的第十届全国残运会暨第七届全国特奥会首次实现全国残运会和全国运动会同城举办。2021年,在陕西举办的第十一届残运会暨第八届特奥会首次实现全国残特奥会和全国运动会同城同年举办,促进了两个运动会的同步规划、同步实施、同样精彩。除了举办全国残运会,还在各地举办全国性肢残人、盲人、聋人等各类单项赛事,吸引各类残疾人广泛参与体育运动。通过举办经常性全国残疾人体育赛事,培养了残疾人运动员队伍,提升了残疾人运动水平。

3.冬残奥运动水平快速提升。北京冬残奥会的成功申办,为中国冬残奥运动发展带来重大机遇。中国高度重视冬残奥会备战工作,制定实施了系列行动方案,积极推动项目布局,统筹训练设施、器材保障、科研服务,组织训练营选拔优秀运动员,加强技术力量培养和国际合作,聘请国内外高水平教练员,组建国家集训队,高山滑雪、冬季两项、越野滑雪、单板滑雪、冰球、轮椅冰壶等6个冬残奥大项全部纳入全国残运会赛事,推动29个省(区、市)开展冬季项目。自2015年至2021年,全国开展的冬残奥会大项由2个拓展到6个,实现了比赛大项全覆盖;运动员由不足50人发展至近千人,技术官员从无到有发展到100多人。自2018年起,每年举办全国性冬残奥项目比赛,并纳入2019年和2021年全国残运会赛事。2016年以来,中国残疾人运动员参加冬残奥系列国际赛事,共获得47枚金牌、54枚银牌、52枚铜牌。中国将有96名运动员参加北京冬残奥会全部6个大项73个小项的比赛,与2014年索契冬残奥会相比,参赛运动员增加了80余名,参赛大项增加了4个、小项增加了67个。

4.残疾人运动员培养保障机制逐步完善。根据残疾人运动员的类别及适宜开展的体育项目,对残疾人运动员进行医学和功能分级,为残疾人运动员公平参与各类体育项目提供了前提和保障。建立完善县级发现选送、市级培养提高、省级集训参赛和国家重点培养四级联动的残疾人运动员业余训练体系,举办青少年选拔赛、训练营,加强后备人才培养。加强残疾人体育教练员、裁判员、分级员等专业人才队伍建设。加强残疾人体育训练基地建设,命名45个国家残疾人体育训练基地,为残疾人运动员竞赛、训练、培训、科研等提供保障和服务。各级政府采取措施,切实解决残疾人运动员就学、就业和社会保障问题,开展优秀运动员免试进入高校试点工作。制定《残疾人体育赛事活动管理办法》,促进残疾人体育赛事规范、有序发展。加强残疾人体育道德作风建设,严禁使用违禁药物和各种违规行为,维护残疾人体育比赛的公平、公正。

四、为世界残疾人体育运动作出贡献

开放的中国积极承担国际义务，成功举办北京残奥会、上海特奥会、北京远南运动会、广州亚残运会，全力筹办北京冬残奥会、杭州亚残运会，有力促进了中国残疾人事业发展，为国际残疾人体育运动发展作出了突出贡献。中国全面参与国际残疾人体育事务，不断加强与其他国家和国际残疾人组织交流合作，增进各国人民包括残疾人之间的友谊。

1. 成功举办亚洲综合性残疾人体育赛事。1994年，北京举办第六届远南运动会，42个国家和地区的残疾人代表团共1927人参加，规模超过历届。这是中国首次举办国际综合性残疾人运动会，展示了改革开放和现代化建设的丰硕成果，加深了社会对残疾人的了解，助推了中国残疾人事业发展，对推进"亚太残疾人十年"行动产生了积极影响。2010年，在广州举办首届亚残运会，41个国家和地区的运动员参赛。这是亚洲残疾人体育组织重组后举办的首届运动会,也是亚运会与亚残运会历史上首次在同城同年举行,进一步推动了广州的无障碍环境建设。通过举办亚残运会,在全社会广泛传播了残疾人体育精神,营造了扶残助残、残健融合的良好氛围,使更多残疾人共享社会发展成果,提高了亚洲残疾人体育运动水平。2022年,第四届亚残运会将在杭州举办。届时,40多个国家和地区的约3800名残疾人运动员将参加22个大项、604个小项的竞赛,必将有力促进亚洲人民的友谊与合作。

2. 圆满举办上海特奥会。2007年,上海举办第12届上海特奥会,164个国家和地区的1万多名特奥运动员、教练员参与了25个项目比赛。这是第一次在发展中国家、在亚洲举办的特奥会,鼓励了智力残疾人参与社会的勇气,推动了中国特奥运动的发展。为迎接并纪念上海特奥会,中国将每年7月20日定为"全国特奥日",上海成立了"阳光之家",帮助智力残疾人进行康复训练、教育培训、日间照料、职业康复。在此基础上,全国推广"阳光家园"计划,支持各地智力、精神和重度残疾人托养服务机构和家庭开展托养服务工作。

3. 高水平举办北京残奥会。2008年,北京举办第13届残奥会,147个国家和地区的4032名运动员参加了比赛。

赛会设 20 个大项、472 个小项,运动员人数、参赛国家和地区数、比赛项目数都创残奥会历史新高。北京残奥会开启了残奥会与奥运会"同时申办、同城举办"的新模式,兑现了"两个奥运,同样精彩"的承诺,为世界奉献了一届高水平、有特色的残奥会,"超越、融合、共享"理念是中国对国际残奥运动的精神贡献。残奥会在体育设施、城市交通、无障碍环境建设、志愿服务等方面留下了丰富遗产,有力促进了中国残疾人事业发展。北京市建设了一批规范化、标准化的"温馨家园",残疾人及其家庭可以就近就便享受职业康复、教育培训、日间照料、文体活动等服务,为平等融入社会生活创造了条件。社会各界进一步增进了对残疾人事业和残疾人体育的认识,"平等、参与、共享"的理念更加深入人心,全社会尊重、理解、关心、帮助残疾人的氛围更加浓厚。中国履行了对国际社会的郑重承诺,广泛弘扬了"团结、友谊、和平"的奥林匹克精神,促进了世界各国人民的相互了解和友谊,让"同一个世界、同一个梦想"的口号响彻寰球,赢得了国际社会高度评价。

4. 全力筹办北京 2022 年冬残奥会。2015 年,北京携手张家口赢得了 2022 年冬奥会和冬残奥会的举办权,北京成为第一个既举办过夏季残奥会又举办冬季残奥会的城市,冬残奥运动迎来重大发展机遇。中国全面落实"绿色、共享、开放、廉洁"的办奥理念,突出"简约、安全、精彩"的办赛要求,积极与国际残奥委员会等国际体育组织沟通合作,落实新冠肺炎疫情防控各项措施,精心做好赛会组织、赛会服务、科技应用、文化活动等各项筹办工作。北京自 2019 年起实施无障碍环境建设专项行动,确定城市道路整改、公共交通、公共服务场所、信息交流等重点领域 17 项重点任务,累计完成 33.6 万个点位改造,基本实现首都功能核心区无障碍化,城市无障碍环境规范性、适用性、系统化水平显著提升。张家口积极推进公共设施无障碍建设,城市无障碍环境显著改善。建立完善以残疾人冰雪运动为支撑的残疾人冬季活动体系,加快推动残疾人冰雪运动普及。北京冬残奥会将于 2022 年 3 月 4 日至 13 日举办。截至 2022 年 2 月 20 日,来自 48 个国家(地区)的 647 名运动员注册参赛。中国已做好准备,迎接世界冬残奥运动员参赛。

5. 积极参与国际残疾人体育事务。随着中国残疾人体育走向世界,中国在国际残疾人体育事务中发挥着越来越重要的作用,话语权和影响力逐步扩大。自 1984 年起,中国相继加入国际残奥委员会、国际伤残人体育组织、国际盲人体育联合会、国际脑瘫人体育协会、世界聋人体育联合会、国际轮椅运动联合会、国际特殊奥林匹克委员会、远东及南太平洋地区残疾人运动联合会等世界残疾人体育组织，与一些国家和地区的残疾人体育组织建立了友好关系。中国残疾人体育协会、中国聋人体育协会、中国特奥委员会已经成为世界残疾人体育组织的重要成员。积极参加国际残奥委员会代表大会等国际残疾人体育有关重要会议，共商国际残疾人体育发展大计。中国残疾人体育官员、裁判员、专家等获任远南运动会联合会执委会、世界聋人体育联合会、国际盲人体育联合会执委和专项委员会负责人。为培养残疾人体育技术力量，先后推荐和委派专业人员担任有关国际残疾人体育组织的技术官员和国际裁判。

6.深入开展残疾人体育国际交流。1982年，中国首次组派体育代表团参加第三届远南运动会，中国残疾人体育逐步融入世界残疾人体育。中国积极开展国际残疾人体育友好交流与合作。在共建"一带一路"、中非合作论坛等多边合作机制和双边交往中，把残疾人体育作为人文交流的重要内容。2017年，举办共建"一带一路"框架下残疾人事务主题活动，发布《关于促进"一带一路"残疾人事务合作交流的倡议》和相关文件，搭建体育设施资源共享机制，向共建"一带一路"国家残疾人运动员、教练员开放45个国家级残疾人夏季和冬季体育训练中心。2019年,举办共建"一带一路"框架下残疾人事务主题活动体育分论坛,促成各残疾人体育组织间互学互鉴,共同打造残疾人体育事业交流合作典范。同年,中国残奥委员会与芬兰、俄罗斯、希腊等国残奥委员会签订了残疾人体育发展战略合作协议。与此同时,中外地方和城市间的残疾人体育交流日趋活跃。

五、残疾人体育展现中国
人权事业发展进步

　　中国残疾人体育事业蓬勃发展,不仅体现出残疾人的体育精神与实力,更体现出中国式的人权与国家发展的成绩。中国坚持以人民为中心,将人民幸福生活作为最大的人权,促进人权事业全面发展,切实保障包括残疾人在内的特定群体的各项权益。参与体育活动的权利是残疾人全面实现生存权和发展权的重要内容。中国残疾人体育事业发展,符合中国国情,有效回应残疾人群体的需要,促进残疾人身心健康。残疾人体育是中国人权事业发展进步的生动写照,弘扬了全人类共同价值,促进了各国人民的交往、了解和友谊,为构建公平公正合理包容的全球人权治理秩序、维护世界和平发展贡献了中国智慧。

　　1. 坚持以人民为中心,促进残疾人身心健康。中国坚持以人民为中心的人权理念,以发展促进残疾人权益保障。国家在发展战略中纳入残疾人事业,实现了"全面建成小康社会,残疾人一个也不能少"的目标。体育是提高人民健康水平的重要途径,是满足人民群众对美好生活向往的重要手段。残疾人通过参与体育活动,有助于改善身体机能,减轻和消除功能障碍,增强独立生活能力,满足兴趣爱好,增加社会交往,提高生活品质,实现人生价值。中国高度重视残疾人健康权利保障,强调残疾人"人人享有康复服务"。中国把残疾人康复健身体育纳入残疾人康复服务。各级政府面向基层,创新服务方式,开展广泛的残疾人康复健身体育工作。在学校教育中保障残疾学生平等参与体育、增进身心健康和发育。残疾人的健康权利通过体育活动得到更好保障。

2. 坚持立足中国国情,促进残疾人平等融合。中国坚持把人权的普遍性原则同本国实际相结合,坚持生存权和发展权是首要的基本人权,把增进人民福祉、保障人民当家作主、促进人的全面发展作为发展的出发点和落脚点,努力维护社会公平正义。中国的法律制度规定残疾人享有与所有人平等的参与文化体育生活的权利,在实施中加强对残疾人权利的平等保护和特殊扶助。国家建立和完善公共体育设施及服务,确保残疾人获得公共体育服务的均等化。国家采取有力措施,全面推进体育领域的无障碍环境建设,加强全民健身场地设施无障碍改造,完善各类体育场馆设施并向所有残疾人开放,落实合理便利支持,消除残疾人充分参与体育活动的外部障碍。北京冬残奥会等体育赛事为残疾人全面参与社会生活创造了体育、经济、社会、文化、环境、城市发展和区域发展方面的丰厚遗产。各地举办残疾人重大体育赛事的场馆,在赛后继续服务残疾人,并为城市无障碍环境建设提供了样板。各级政府完善社区残疾人体育设施,培育扶持残疾人体育组织和文艺团体,购买多样的社会服务,举办残健融合的体育活动,促进残疾人社区文体活动参与率不断提高。相关组织和机构研发推广适合国情和各类别残疾人锻炼的小型康复体育和健身体育器材,创编普及项目和方法。残疾人充分参与体育活动,追求卓越,突破自我,团结拼搏,共享平等融合,实现人生出彩。残疾人体育弘扬中华优秀传统文化,关爱生命、弱有所扶、和合包容,鼓舞和激励更多残疾人热爱体育、参与运动。广大残疾人自尊、自信、自立、自强,发扬中华体育精神,在体育中展现生命力量和卓越品格。残疾人通过体育活动,平等参与社会生活的权利得到更好保障。

3. 坚持同等重视各类人权,实现残疾人全面发展。残疾人体育是一面镜子,折射出残疾人的生活水平和人权状况。中国确保残疾人享有各项经济、政治、社会、文化权利，为残疾人参与体育活动和社会生活、实现全面发展奠定了坚实基础。在发展全过程人民民主中充分吸收残疾人及其社会组织、群众代表的意见，使国家体育制度更加公平和包容。不断加强残疾人社会保障和福利服务，稳步提高残疾人受教育水平，更好保障残疾人就业权利。完善残疾人公共法律服务体系，加大对残疾人人身财产的保护力度，消除基于残疾的歧视。定期开展残疾人体育先进评选，表彰在残疾人体育发展中作出积极贡献的单位和个人。加强对残疾人体育活动的宣传报道，通过各种渠道和形式，传播残疾人体育新观念新风尚，营造良好社会环境。社会大众深入了解"勇气、决心、激励、平等"的残奥会价值，认同无障碍理念，增强平等融合意识，对残疾人事业各项工作更加关注和支持。社会各界通过"残疾人健身周""残疾人文化周""全国特奥日""残疾人冰雪运动季"等契机，以活动赞助、志愿服务、拉拉队等形式支持促进残疾人参与体育活动，共享社会文明成果。残疾人体育活动推动全社会增强尊重和保障残疾人固有尊严和平等权利的社会氛围，有力地促进了社会文明进步。

4. 坚持推进国际合作，加强残疾人体育交流。中国主张加强不同文明交流互鉴,将残疾人体育作为残疾人领域国际友好交流的重要部分。作为体育大国,中国在国际残疾人体育事务中发挥着越来越重要的作用,有力促进了区域和全球残疾人体育发展。中国残疾人体育蓬勃发展,是中国积极履行联合国《残疾人权利公约》、落实联合国 2030 年可持续发展议程取得的丰硕成果。中国尊重各国文化、体育和社会制度的多样性,强调国际体育活动和规则中的公平正义。中国不附加任何条件,积极向国际残奥委员会发展基金捐款,搭建体育设施资源共享机制,向国外残疾人运动员、教练员开放国家级残疾人体育训练中心。中国促进残疾人广泛参与国际体育活动,增进民间交流了解和民心相通,推动构建更加公平公正合理包容的全球人权治理秩序,升华了世界各国人民之间的友谊,促进了世界和平与发展。中国强调残疾人是人类大家庭的平等成员,始终高扬人道主义和国际主义精神,推动残疾人体育国际交流合作,以残疾人体育交流合作描绘不同文明交流互鉴的宏伟画卷,积极构建人类命运共同体。

结　束　语

关心残疾人,是社会文明的重要标志。发展残疾人体育,对于激励广大残疾人自尊、自信、自立、自强,弘扬自强不息时代精神,营造全社会理解、尊重、关心、支持残疾人和残疾人事业,共同促进残疾人全面发展和共同富裕有着十分重要的作用。新中国成立以来,特别是中共十八大以来,中国残疾人体育事业取得举世瞩目的成绩。同时也要看到,中国残疾人体育发展仍然不平衡、不充分,存在较大的地区和城乡差距,服务能力仍然不足,康复健身体育的参与率还需进一步提高,残疾人冰雪运动还需进一步普及,发展残疾人体育依然任重道远。

在以习近平同志为核心的党中央坚强领导下,在全面建设社会主义现代化国家新征程中,中国共产党和中国政府坚持以人民为中心的发展思想,坚持弱有所扶,保障残疾人平等权利,增进残疾人民生福祉,提高残疾人自我发展能力,切实尊重和保障包括残疾人参与体育运动的权利在内的各项权益,推动残疾人事业向现代化迈进,不断满足广大残疾人对美好生活的向往。